AF607308
AVERSO

RACIAL

Luis Compés

Número 47 de la Colección **PERVERSA**

Racial

Edición al cuidado de Averso Poesía
www.aversopoesia.com

hola@aversopoesia.com

Primera edición: marzo de 2025
ISBN: 978-84-129987-5-7
Depósito Legal: GR 354-2025

Impreso en España - *Printed in Spain*

El papel utilizado para la impresión de este libro está calificado como papel ecológico y procede de bosques gestionados de manera sostenible.

RACIAL

Luis Compés

PRÓLOGO

Nombre que avala el regalo de un escritor/poeta con la belleza de lo bien hecho, lo bien soñado, lo bien escrito. Una obra creada para su propio disfrute y haciendo disfrutar así mismo a cada lector que se acerca a su obra, celebrando cada verso, como se suelen celebrar los grandes acontecimientos. Es una expresión versada con la fuerza de una tierra donde la luz, los olivos y el mar acogen la inquietud de unas gentes que absorben la vida. Esa vida que Luis María Compés ha sido capaz de captar y reflejar en sus versos con la maestría de un bailarín que, apenas rozando el suelo, acaricia las páginas de este libro, que imprime carácter y belleza.

Me siento halagada de poder compartir este excepcional trabajo con una tierra de grandes poetas.

Racial es el encuentro en un gran festival poético, en el que el autor demuestra su gran maestría.

Festejemos esta obra inigualable.

Margarita Campos

INTRODUCCIÓN

Apreciado lector, comienzo esta introducción de *Racial* con la expresión más sincera de agradecimiento. Este libro es un impulso, un regalo que he deseado ofrecer y ofrecerme, como un eslabón más de aquello que compone y caracteriza mi trayectoria literaria: disfrutar, establecer lazos de unión entre los seres humanos que me rodean y la necesidad de mi «yo» de empatizar con la esencia de bondad de todas y cada una de las personas que comparten mi existencia.

Uno de los pilares básicos para poder considerarme feliz es disponer en el devenir de mis días de personas cercanas con las que compartir amistad. La Real Academia de la Lengua Española define «amistad» como: *Afecto personal, puro y desinteresado, compartido con otra persona, que nace y se fortalece con el trato.* Pues bien, esta corta y certera explicación encierra en sí misma cuatro de las premisas imprescindibles que yo considero que confirman dicho afecto: *la generosidad, la concordia, la hermandad y aportar luz al amigo.*

La poesía es un auténtico y completo universo. En el juego de uso de la palabra hay tantos estilos como personas las escriben y aun teniendo *Racial* un tema común como punto de partida, Andalucía, resulta misceláneo por la variedad de enfoques de los versos expuestos en él. Este libro hace realidad un sueño, mi sueño de amor, un regalo excelso que satisface lo más íntimo de mi ser, un tesoro que guardaré en el corazón como el bien espiritual más preciado.

Andalucía es poesía en sí misma. La elección de estas nobles tierras como el hilo conductor del libro se debe entender como la coincidencia del carácter abierto, alegre y positivo de sus gentes, con el modo que yo conduzco mis pasos cada jalón del camino, cada peldaño que asciende a la madurez, cada suspiro que la vida me produce. Estar contento por existir, transmitir optimismo y regalar sonrisas configuran mi personalidad y de ello comparte mucho el sur de España. No se puede entender de otra forma que tantos grandes poetas tuvieran su cuna en Andalucía: Vicente Aleixandre, Rafael Alberti, Antonio y Manuel Machado, Luis Cernuda, Federico García Lorca, Ángeles Mora, Aurora Luque, Julia Uceda, Luis García Montero… son muestra y parte de un rosario interminable de nombres que han elevado la poesía andaluza al nivel de arte. Yo, madrileño castizo, hago un guiño al «saborío» que los alumbra. Desde la modestia, por supuesto, pero con la intención de emular sus versos.

Para concluir, decir que nací en el seno de una familia sencilla que me inculcó el valor del agradecimiento. Por ello, termino este prólogo como lo inicié, dando las gracias; un millón de gracias a la vida que me ha puesto en el camino de escribir *Racial*. Gracias a los lectores que se interesen por mi décimo quinto libro publicado, tercero de poesía. Gracias al milagro de ser y existir, y gracias a la literatura, que ha dado un sentido concreto y preciso al motivo por el que un «chaval de Lavapiés» está en este mundo:

«En este mundo traidor / nada hay verdad ni mentira: / todo es según el color / del cristal con que se mira». Frase del famoso poema LIX, titulado «Las dos linternas», que forma parte de la obra *Doloras* (1846), de Ramón de Campoamor.

Que sea todo ello una ola más que bañe la costa de Andalucía y duerma bajo su sol.

Luis María Compés Rebato

RACIAL

El poema más bello de la historia

Quiero escribir el poema más bello de la historia.
Utilizar las palabras adecuadas para decir cosas excelsas,
saciar la sed de poesía de un nuevo siglo
y adornar la existencia con versos sublimes.
Mas ¿cómo crear poesía con mayor acierto que los maestros,
que ya antes lo hicieron?

«¿Qué es poesía?, dices mientras clavas
en mi pupila tu pupila azul.
¿Qué es poesía? ¿Y tú me lo preguntas? Poesía… eres tú.
Bécquer hizo saborear el amor con dulzura».

Amor que impulsa la vida,
fuente de agua cristalina que riega el ansia de ti
mientras indago las palabras que seduzcan la rosa roja en tu pecho,
policromía que emane el esplendor del almendro florecido.

«A las aladas almas de las rosas del almendro de nata te requiero,
que tenemos que hablar de muchas cosas,
compañero del alma, compañero.
Miguel Hernández lo elevó a elegía emocionada».

Te busco en la sombra que proyecta la mirada,
en las gotas que llueve la ausencia de tus manos,
en la nostalgia del beso agostado el tiempo
y el crepúsculo enrojecido de pasión.

«Desde Al Zahra te recuerdo con pasión.
El horizonte está claro y la tierra nos muestra su faz serena.
La brisa desmaya con el crepúsculo: parece que se apiada de mí y languidece, llena de ternura…
… Así fueron los días deliciosos que ya pasaron,
cuando aprovechando el sueño del Destino, fuimos ladrones de placer.
Ibn Zaydún acarició con versos al-Ándalus».

Quiero cantar al cielo y que me oiga,
una muchacha de cabello de oro me quita el sentío,
y yo solito, clavado en la cruz de tus ansias de mí,
lloro el desconsuelo si no te tengo.

«¡Oh, la saeta, el cantar al Cristo de los gitanos,
siempre con sangre en las manos, siempre por desenclavar!
¡Cantar del pueblo andaluz!
que todas las primaveras,
anda pidiendo escaleras para subir a la cruz…
Antonio Machado nos clava a todos en la sensibilidad de la encrucijada».

Mira, que te estoy mirando,
niña descalza de pies bonitos,
si posas en mí el clavel de esos labios, tuyos y míos,
yo seré un cascabel que suene por ti rendido.

«Mira que te has de morir, mira que no sabes cuándo.
Mira que te mira Dios, mira que te está mirando.
Ignacio de Ries hace de El árbol de la vida, *todo el universo onírico al alcance».*

A la torre más alta del castillo de tu belleza
escalo desprovisto de escudo que ampare.
Soy silueta que atrapa caricias de amor
para no dejarte ir más lejos, de los propios miedos.

«Te quedas si te vas, porque sigues en mi mente,
porque no sales de mi pensamiento y porque mi corazón se aferra a tu recuerdo
y no te deja ir…

… y aunque esté fría mi cama, sigues aquí.
Norfi Carrodeaguas, cubano, autor de la distancia en el amor que yaces en su espera».

No puede partir el barco sin tu aliento,
no emigra el ave posada en la rama en tu espera,
cabalga el corazón en busca del mundo amado
sin saber, ni siquiera, si en el horizonte se encuentra ella.

«El barco sobre la mar. Y el caballo en la montaña.
Sobre el rostro del aljibe se mecía la gitana,
Verde carne, pelo verde, con ojos de fría plata.
Un carámbano de luna la sostiene sobre el agua…
… Verde que te quiero verde. Verde viento. Verdes ramas.
El barco sobre la mar. Y el caballo en la montaña.
Federico lo dice como «naíde», García Lorca en las entrañas».

Y ya «pa» mi solito la tarea, que pablarte de amor yo no necesito a «naíde».
Voy como el burrito tras tu enagua, como el cántaro a la fuente,

igual que el segador va por la mies, que «cogiita» de
mi brazo,
los dos andando al altar, no habrá escalón que no
suba, sin dejarte de mirar.
¡Ay, chiquilla, qué bonita! Tan bella como la mar,
te voy a regalar un palacio, «pa» no dejarte de
admirar.

«Burros de plata, el nobel Juan Ramón, que nos regaló a Platero «pa» que fuéramos dos. Platero… y yo».

Haikus

Arena fina
el sol reflejo azul
Málaga vive.

*

Cádiz es puerto
cien torres que vigilan
alegría de mar.

*

Sol onubense
gaviotas cantan olas
luz e ilusiones.

*

Almería ama
silencio de caminos
mar y desierto.

*

Luz nazarí
jardines de eternidad
el agua llora.

*

Faroles llaman
el Cristo los bendice
Córdoba abraza.

*

El río parte
Guadalquivir que fluye
Sevilla canta.

*

Sol orgulloso
los olivos se quejan
anhelan sombra.

Tautograma andaluz

Andalucía alegre,
ansia al amanecer,
almas amasadas al albedrío apócrifo.

Atraer amigos al atardecer,
angostos arroyos,
aguas amargas,
acuden ansiosas
ampliando alas.

Alentar albores,
ardientes ascuas.

Aparecen ahítos,
amores amasados
aparentan adular,
aproximan apariencias.

Acoged afanes,
Andaluces, abrid al alba.

Acróstico andaluz

Andando por esos caminos de estío
Ningunearon las gotas de rocío a las madrugadas,
Dieron la espalda al canto de los pájaros mensajeros.
Amaneceres de conciencia ciega,
Lapidación de los valores ancestrales
Urdida la destrucción de toda aquella herencia.
Cómo puede el buitre vestir de jilguero bello,
Imitar las rimas de los jardines de la Alhambra,
Andalucía tiene la magia, todo luce en su espejo.

Soneto a Antonio Machado

No hay rincón, amada y leal Sevilla
que a tu amparo escape del gran encanto
dando color a la noche y su canto
al sonar la guitarra y su cejilla.

Floridas calles, una luz chiquilla,
poemas brotan y cubren con manto,
es tan venerado allí como un santo
la notoriedad de Machado brilla.

En ateneos es siempre admirado
composición y rima de gran tino
Antonio destaca culto y versado.

Alabanzas, loas color del oro,
pasan años, su verso es amado,
respeto y gloria adornan su destino.

Lira de Zenobia Camprubí a Juan Ramón Jiménez

Zenobia Camprubí,
esposa de Juan Ramón Jiménez.
De Malgrat de Mar, fui.
Madrid, nuevo para mí,
hogar nuestro feliz hasta la vejez.

ALMERÍA

Mar de Alborán

Isla de Alborán que guías con el faro,
mar ibérico que guardas tesoros en las aguas,
embelleces las costas.
Las montañas vigilan, *Al-mariyat,*
espejo del mar,
historia y valor.
Cabo de Gata,
Agua Amarga,
casas bajas, cal en los muros,
deslumbra la blancura de los pueblos marineros.
La Isleta del Moro conserva otro «tempo»
con sus barcas de pesca y la Casa del Mar.
La Playa de los Muertos, aguas cristalinas,
el sendero conduce al paraíso,
una caricia de amor,
las risas alcanzan la orilla, llevadas por la brisa de
Alborán.
Una gaviota lo disfruta,
mira su bandada,
grazna…

dice adiós.

Endecasílabos a la sombra de Andalucía

Una gota desliza por la frente,
surca mejilla curtida labriega,
historia dura, sol en el terruño,
y la sombra del olivo repara
la sed de horas marcadas por la azada,
roturados los recuerdos vividos
sembrados de realidad incrustada
en la piel sincera y el corazón limpio.
Los versos que calman la canícula
vuelan como la golondrina juega
entre las brisas que nacen, Almería,
estío en las noches de luna llena.
Gobierna la palabra salvadora
la llanura cubierta de trigales,
manto dorado que vuela páginas
de libros de noble caballería.
Juegan niños en calles de piedra,
miran las niñas vestidas de trapo
y sueñan tiempos bellos con un zagal
entre risas escondidas.
La inocencia marca el arduo camino
del gran castaño frondoso y protector
que auspicia ansias imaginarias de tul.
Los pupitres sustentan letras sabias.
Que cubran tu cielo poetas gloriosos
Almería, tierra ardiente de bello sol.

Almería en Hollywood

Desierto de Tabernas, rodajes de éxito
bajo ese sol que no perdona.
Almería internacional,
presente en las pantallas más exigentes.
Miles de famosos trasladados a otros mundos,
glamour entre polvo de arena de verdad eterna.
Lawrence de Arabia, *Conan el Bárbaro*,
Indiana Jones y la última cruzada,
de Steven Spielberg a Ridley Scott,
tesoro de la cultura del cine europea.
Por un puñado de dólares, *Los cuatro salvajes*,
Fort Bravo, entierro de bandidos,
tiros que lleva el viento por doquier,
sangre artificial pintada en una realidad paralela.
Oscar de Hollywood nacidos en tu canícula,
estrellas en camerinos de seda
en el marco abrupto de la sequía pertinaz.
El silencio del vacío revela tu carácter,
soledad sin ambages,
quietud que diluyó la fama.
Productores, directores, guionistas, extras y actores,
cámaras, maquillaje, vestuario, atrezo,
todo en la nada,
una nada luminosa que se convirtió en todo,
con la magia del celuloide.

CÁDIZ

Cuando mañana es mucho tiempo

Inmensidades configuran un mundo cíclico y cambiante,
el Atlántico en movimiento continuo,
el cielo gaditano embellece la noche y el día,
un hombre, una mujer,
la unión, una corriente que conmueve,
que revive, alivia, abrasa, vuela,
el poder de la mirada, del tacto, de la mente,
corazón con corazón,
un presente que anhela un futuro que nunca concluya,
una respiración que depende de la correspondencia,
centellas al estrecharse las manos,
amor sin límites, que no se doblega a las barreras.

Se para el tiempo cuando el abrazo da calidez al desasosiego,
el pulso acelerado muestra las brasas de la pasión
que hacen arder sentimientos en el camino que rasga
las intenciones de felicidad.
Reír, soñar, sensación de liviandad de mariposas en la
«Tacita de Plata»
que revolotean juguetonas ante el misterio de tanta belleza.
Esperar a mañana, es mucho tiempo,
una distancia difícil de controlar.
Solo amanece juntos, solo tañen campanas juntos,
no hay música alegre si no están... juntos.
Todo ocurre de forma inevitable en Cádiz,
cuando mañana, es mucho tiempo.

Dale sentío a mis dedos

Placer en manos expertas que juegan con tiento y
dulzura
pulsan los puntos exactos
y elevan el contacto a arte.
Dulce melodía, Sanlúcar,
romántico encuentro a solas,
con pulso que contiene,
pero siempre acaricia.
Esas curvas sensuales que abarcan los brazos
sedientos
con el mimo del amante,
admiración a la compañía.
Mirada perdida con deleite en el semblante,
la sonrisa del sentir profundo
y al alma al servicio de su son.
Respiración profunda en el pecho resonante,
equilibrio en los acordes
del jadeo celestial con el que responde.
Sin ti,
no hay flamenco,
no hay fandango ni bulería.
Tu saborío, Sanlúcar de Barrameda,
no se pue aguantar,
es más grande que el camino
con destino a Jerez.
Mi guitarra flamenca,
siempre juntos,
dale sentío a mis dedos
y cielo pa volar.

Tu mar inspira

La mirada perdida en el horizonte de otro continente,
el aroma de yodo y salitre,
paseo del viento en las costas de arena fina.
Playas eternas, la vista se pierde en la inmensidad,
Santa María del Mar, La Cortadura, La Caleta,
de la Gamba, de la Victoria,
disfrute, risas, carreras, juegos,
felicidad.
En invierno, el silencio,
la mar inspira el arte,
poetas, pintores, el cante flamenco,
la cultura se extiende sin fronteras
entre bailes y canciones.
Tradición de sangre ruda,
la pesca en barcas de esfuerzo y dolor,
mirada triste de familias que lloran pérdida.
La luz crea reflejos de plata,
las olas son requiebros al romper
en la orilla.
Cádiz,
enamoras,
la creación surge de tu grandeza.

CÓRDOBA

Tradición

Admirable tradición de versos,
poesía en estado puro,
eclosión de palabra enamora el corazón
entre aires cordobeses,
mezquita de arte excelso
templo de compañía, amistad, unión.
Cincuenta vates,
rosario apasionado
en Olimpo de elocuencia sabia,
vuelo de aguja colipinta
alcanza cielo infinito.
Espíritu común creativo,
amalgama de estilos
en catarata de emoción desbordada
clamando génesis al mundo.
Los sentidos se deleitan,
cita de magia.
Doce meses para el reencuentro
caricia a la eternidad.

Mezquita de las culturas

Tiene en Madrid, la Córdoba monumental su casa.
Ciudad de color y belleza, guitarra, devoción y
    olorosos
patios de geranios, claveles,
gitanillas y alhelí.
Los caballos enjaezados
haciendo ritmo con los cascos, camino del Ferial.
El Arenal se viste de vida en mayo,
el cante y el baile, los coros rocieros,
el pescaíto, buen queso y mejor jamón,
moras raíces,
las mujeres de flamenca
luciendo belleza andalusí.
La amanecida de un brillo de guirnaldas,
el cielo azul cortejando la Mezquita
cuna de culturas,
templo de la verdad, lleno de arte.
Los árabes la hicieron nacer mirando a La Meca,
la cristiandad sintió acoger entre sus arcos
al Dios salvador.
Tierra esplendorosa,
Cristo de los Desagravios y Misericordia,
de los Faroles, lo llaman,
y la plaza de los Capuchinos se ve de gloria
con ocho luces brillantes
de reflejos de bulerías.
Si el alma busca refugio,
Córdoba, es su perfecto lecho.

Rosa y espino

En la comisura de la silueta está la esencia,
el carmín que pinta el cuadro de lo no olvidado,
una bella orla que comprime el desencanto,
cuando las perlas desgajan la atadura con ansia de
libertad
y las mañanas se cubren de rocío de claveles.

La ventana abre el silencio que guarda la estancia,
deja huir el secreto que brota incandescente de las
paredes
cuando los ojos brillan en el campo celeste
con deseo de vencer cientos de noches oscuras
para llamar a las rosas, esclavas del tallo,

¡a romper con el espino!

Cordobesa

Emerge esencia del silencio.
En el patio los claveles,
prendido suspiro y saeta.
Por la calleja de las Flores,
el color, la cordobesa,
ojos dulces,
labios rojo grana,
agua fresca,
fuente mora,
olor a madrugada.
De gitana va la chiquilla,
a la grupa del caballo
azabache noche y llama.
En el cielo las estrellas,
en la feria la guitarra,
del balcón caen los besos
que guarda en la mirada.
¡Se cae de guapa esa niña!
¡Extiende mantones el río!
De campero va el jinete,
el semblante está de gala,
un brazo en la cintura
amor al paso, ha sellado.

GRANADA

Ver por tus ojos, Granada

—Dura soledad dejaste a mis pasos, Granada.
Nunca imaginé tu compañía efímera
y que los caminos fueran difusos.
Tuve que aprender pasos nuevos,
exento de tu mano.
—Fuiste el espejo en el que deseé reflejarme.
Lloré en silencio tus desventuras
perfumadas por cabellos de musas escondidas.
—No habrá reencarnación para los deseos,
darte el amor de diosa que mereciste.
—Yo sigo a tu lado. Soy recuerdo en tu recuerdo.
Me respiras en cada imagen de tu atmósfera.
—Pero no te veo. Te siento en mi sombra,
en el placer solitario, no real en el abrazo.
—Volverás a mí, peregrino de la infancia.
Serás ángel en un paraíso para almas limpias.
No te dejaré perdido en limbos de tropiezos.
—Quiero hallarte. Ser tu Adán de espíritu noble.
Acariciarte y cogernos de la mano para siempre.
—Ven. Alarga tu figura. Asciende. Ya llegas.
—Ahora, entiendo. Voy a ti.

Morisca

Jamás vivió un amanecer de rojo muerte.
En las calles el sonido del cepillo recuerda que hay vida.
Los jazmines juegan a dar aroma
al huir de la noche.
Una mujer *granaína* pierde el sueño que veló entre rezos,
canturrea por lo bajo el arraigo a la estirpe.
Nació de sangre morisca y desgajó los días con agallas
de mujer libre, cultura de versos.
Ella se llega a los jardines de la Alhambra,
respira, siente,
desgarra el velo y absorbe el tiempo.
Nunca estuvo más próxima
la hégira del escenario de sus días.
Se escucha «el adhan»
en la Mezquita.

La Alcazaba

Tiene Granada una historia de culturas diversas,
la Alcazaba, el vestigio de otros tiempos,
Sawwar ben Hamdun precursor de tal belleza.
Mohamed I levantó las defensas,
tres torres y el castillo amurallado.
La Quebrada, la del Homenaje y la de la Vela,
una auténtica fortaleza.
Mohamed II la convirtió en palacio.
Tras el esplendor, el abandono duró siglos,
la restauración próxima a estos tiempos.

Se escuchan versos en sus jardines,
las estancias mantienen ecos árabes en los muros
y el agua de las fuentes, es cultura que fluye.
Pasean millares de seres abrumados por la esencia viva
con la vista fijada en las batallas que allí se vivieron,
en los faustos de los sultanes,
el lujo de las vestiduras,
siempre a la luz de la Alhambra,
y el sol de Gar-anat.

Allí vivieron la opulencia los visires,
nacieron criaturas alumbradas en perfumes de
exotismo,
pervive el misterio,
al-Ándalus se reencarna.

HUELVA

El búho

En los ojos plomizos del búho se refleja a la luna la pena.
Viajan carretas gitanas de feria en feria,
caminito del Rocío,
panderetas y guitarras,
ecos de castañuelas en campos floridos,
vino y jamón «pa» la fiesta.
Con el grillete prendido al pescante el búho
contempla el esperpento,
la única libertad, el vaivén de las rodadas,
hambre y sed de certezas,
penurias de polvo y barro,
carcajadas de ignorancia en el fango de la nada.
Víboras bajo las ruedas,
cuervos en vuelo sin entender la jerga,
y los senderos,
se alargan hasta la saciedad.
Surge el cante,
la chiquillería descontrolada baila flamenco,
noches a la lumbre de las estrellas que les contemplan.
Y los payos,
con temor al hiriente filo de la cheira,
bajo el palio del olivo,
deshojan con fiebre del mañana
el ser, o no ser.

Isla Cristina

«Soñé cómo vivir
y viví como soñé»
dijo el nobel Juan Ramón Jiménez
tañedor de *Platero y yo*,
andaluz de Moguer,
de esa Huelva de sol y fulgor.
Otro andaluz, de Isla Cristina,
de la tierra de historias de conquista,
con el mar vivo y brillante
concitó en La Higuerita
la atención de las gentes
con sus letras y aventuras.
Entre pescaítos, chocos y gambas
corrió el buen vino en gaznate propio y ajeno,
se hizo realidad el dicho de Juan Ramón.

El Isleño,
de nombre, Carmelo,
apellido, Fernández,
escritor con musa propia,
Blanqui, para el poeta,
presentó su novela *Las higueras chicas*.
Llegados al punto del encuentro
gorjea el auditorio proclive al autor.
Luces de gala,
y la criatura, recibió el bautismo.

Las higueras chicas, ahí es ná,
en esas tierras ná es chico,

todo es luz, alegría y generosidad.
Al anochecer nació la leyenda,
el cielo se vistió de belleza
y la puesta de sol fue arte en el lienzo.

Oscurece al ritmo de las olas
y el sueño induce al idilio,
no existe horizonte en la contemplación.
Huelva, Isla Cristina,
permaneces en el alma.

Pescaíto plateao

En una orilla del Guadalquivir estaba un chiquillo
con un palo y un sedal.
Pescaba pececillos «pa ponelos» a jugar
en un barreño con agua que había en el corral.
La tarea era baldía y ya se empezaba a cansar.
El niño, moreno, por falta de techo,
pelo enredado de noches de camastro y falta de jabón,
miraba el brillo del agua cargaíto de carbón.
Se veía como un rey
y, zas,
la cuerdecilla comenzó a vibrar.
Un pescaíto plateao,
chiquitín y despistao,
había mordido el anzuelo con la miguita de pan.
El pequeño se levantó de un salto,
y de un seco tirón
sacó su caña contento
para ver la presa volar.
Era diminuto el pobre así clavao,
la cabecita pequeña y los ojos asustaos.
Movía la cola más rápido de lo que podía imaginar
con ansias de conseguir escapar,
igual que el pobre muchacho,
con triste y gris destino,
soñaba cada mañana cambiar,
el mundo, en el que le había tocado bregar.

JAÉN

De oliva por esencia

Desde niño miró la ventana vieja,
semblanza de la loma que ocultaba el horizonte,
un cante jondo adorno de la luna llena
y el aroma de la oliva por esencia.
Quedaron atrás las caricias de la madre,
recuerdos del aro y la taba,
el pantalón corto, las rodillas con heridas,
y las miradas furtivas a la niña soñada.
Se diluyó la magia en la carreta tirada por la mula vieja,
cuatro enseres y el saco de esparto pleno de lágrimas,
un adiós de penas y escasez, ahogo de la esperanza.
Úbeda mantuvo en pie la grandeza,
resonar de rezos en las capillas y las iglesias,
nobleza palaciega,
sabiduría en la sinagoga,
mezcla de culturas para crear su idiosincrasia.
Esperó el regreso,
el chiquillo hecho hombre,
de estirpe labriega a versado poeta.
Buscó la ventana de madera vieja
y la mirada dulce de la mujer soñada.
Poco de aquello superó el paso de los años,
pero sí el amor de Úbeda
y su aroma, de oliva por esencia.

Tierra recia

Imagen que repite sombras y palios en llanuras
extensas,
labrada tierra recia con la arruga en la frente y el
rostro curtido,
solo el cobijo del árbol preserva el verde de la oliva,
amamantado sacrificio al dios sol que lo alimenta.
El aceitunero le da culto sagrado
desde los amaneceres dorados, reflejo en el terruño,
hasta los ocasos de silencio y fatiga.
La brisa se torna alimento divino,
el mar de olivos,
placer para los sentidos,
es mecido manto que sosiega la mente.
El agua es el maná,
el rigor marca el tiempo,
la firmeza una constante
y la grandeza, una bandera.
Úbeda, ciudad de corazón abierto,
generosa mansión de gente noble,
versos que vuelan por sus calles
para convertir en poesía
la belleza de acogida al caminante.
Historia y valores,
cultura literaria,
espejo que refleja al mundo su señorío.

Quesada

Orihuela vio nacer a un maestro,
Miguel Hernández Gilabert,
generación del 36,
«genial epígono», Dámaso Alonso
lo sitúa con los del 27.
Pablo Neruda lo llama
«una luz de tierra», «de mañana pedregosa»,
«luz espesa de panal que despierta»,
«arcángel de una gloria terrestre
que cayó en la noche armado
con la espada de la luz».
Quesada vio nacer otro maestro,
Rafael Zabaleta Fuentes,
de Picasso, amigo personal,
pinacoteca en su tierra abierta.
El museo lo eleva también a maestro,
une los destinos y la obra
de dos hombres de arte puro,
un tesoro legado a la humanidad.
Población de origen antiguo,
romanos y cartagineses lucharon,
los visigodos crearon el lugar,
grandeza árabe, la mayor dimensión.
Los cristianos la ganaron tras luchas sin igual,
Isabel II le concede el título de ciudad.
En 2015, un hecho fatal,
veinticinco días de incendio forestal,
muchas horas de llorar.
Sierra de Cazorla, tierra de raigambre,

Sierra de Segura, al noreste,
al sudoeste, Sierra Mágina,
Balcón de Zabaleta, para admirar.
Cocina de sierra, un plato singular,
«talarines, gachas quesadeñas con andrajos,
pipirrana, ajoharina, gachurreno,
papajotes y borrachuelos, para acabar».
Los poetas donan sus libros en esta villa,
el museo los recibe y agasaja
y los versos rinden pleitesía
al arte contenido en él.
Mujeres y hombres entusiastas
entregan su creación.
Se para el tiempo, detienen sol y luna su giro,
los vates declaman, escucha atenta
la Virgen de Tíscar,
alabada su imagen en el santuario.
El otoño celebra la visita de escritores
que comparten ilusión. Un 4 de noviembre,
año 2023,
se siente el viento,
los olivos admiran el regalo,
Quesada se viste de gala,
la magia de la fiesta, ya comenzó.

Hablan los olivos

Hablan los olivos con los sonidos
del viento. Rezan por el agua fresca
y la sinceridad de las raíces,
la mano ruda del aceitunero.
Y en la noche, callada, con juegos
de haces de luna brillante lloran
el infortunio de los marginados.

MÁLAGA

El Cristo de la Buena Muerte

Sombras de colores cubren los pasos.
Velas e incienso en la noche marinera.
Sonido de silencios,
cadenas que arrastran plegarias,
la legión honra el desembarco.
Lágrimas de desconsuelo
piden con ansia al Cristo de la Buena Muerte.
Málaga, otorga su reino.
Él, abraza devociones.

Todo anda enredao

¡Malagueña! Como ha cambiao la vía, to anda enredao,
ni los chiquillos juegan a chiquillos
ni al rojo lo llaman colorao.
Van los churumbeles con patines
que paresen acorasaos,
un casco en la cabesa,
rodilleras y codos apañaos,
así no salen costras ni llegan escalabraos.
Es la ruina pa la mercromina,
ni rosauras ni desuellos,
na les pasa pa aprendé con vitamina.
Yo, malagueña, era un trasto,
diez vece al día me llegaba a desgrasiá,
y si lo contaba a mi mare,
encima me iba caliente pa no volvelo a intentá.
Con la zapatilla en la mano
me daba leña pa llorá,
ahora no se les toca
no vaya a sé que se rompan
o acaben traumatisaos.
Ni canicas ni pañuelo, ni cartones ni a pedrás,
to delicadesa, ñoñería y blandura,
antes era otra cosa,
ni el rayo podía cortanos el rollo
ni vivíamos asustaos.
¡Malagueña! Como ha cambiao la via, to anda enredao.

La Malagueta

Besó la arena fina, sediento de una nueva vida.
Caminó el niño negro con el éztasi del que descubre,
con sinco años pisó España la primera vez,
once tié ahora y sigue igual.
En los sssiringuitos no se podía eztá,
una multitú de lenguas confundían al mussasso
y entrá en el paseo del mar, era labor de sssinos.

Contaba José, el de Antequera,
una mañana malagueña
a la sombra de la palmera que lo vio crecer.
Él era hombre de palabra ruda,
piel rota por el sol fiero,
andar gastado y gaznate abierto.
Corazón, de los de verdad,
sentimiento, a flor de piel,
dolores a cuesta, de penurias de la vida.

Miré al zagal y me entró la pena,
no tenía más carnes que la burra de mi abuelo,
sus ojillos de perdío algo me desían:
«buen hombre, ¿ma vizto usté bien?
Llevo más jambre que un pollino encadenao,
mire si pué darme algo pa comé,
un duro pa comprá un chusco
y una miaja de sardina».

Giró el paso con decisión,
Pepe tiró la toba de picadura de tabaco al empedrao:

pero chiquillo, ¿qué va ser de tu vida?
Mira que en su pueblo no le faltaría alimento,
y estar con la familia vale más que un chalé en
 Marbella.
Venir en una patera quizá para morir en el intento,
quemarse al sol del Estrecho desnudo de realidad
y vestido de sueños y esperanzas.
Era andalú ya el espigao,
el habla había aprendío en el suelo tumbao.
¿Cómo le puedo ayudar?

He dormío en la arena, en el sentro comersial,
en la puerta la plasa de toro y la luna me ha tapao.
Los míos no se fihan en mí,
la polisía me pregunta, me lleva y me vuelve a soltá.
Un día, una turista, una pizsa me compró,
y toita la comí, sin darme a respirá.
Caci me muero eze día,
la barriga ce me hinchó,
y qué dolores tuve hasta despertá.
Resé a Alá,
no me fuera abandoná.

El Pepe no podía más,
el niño lo iba a hacer llorar,
le dijo que le esperase,
cuatro pasos y entró al bar,
una cazalla de un buen trago,
un bocata de jamón para llevar,
otra cazalla antes de irse
y con las prisas se olvidó de pagar.

Otra vez e usté.
yo no lo quiero pa ná,
deje de seguime,
yo eztoy en libertá
y no lo quiero a mi lao.
La Malagueta e mi casa,
la conosco como un dedal,
y este jambre no me deja pensá.
Me voy, que tengo quehaseres,
hay cartones tiraos,
uzté siga su camino,
yo lo tengo bien marcao.

Ven aquí, le dijo,
carita de bueno,
mira lo que te he comprado,
que no canten tus tripas,
y el gusanillo puedas saciar.
El bocadillo puso en su mano
sin dejarlo de observar.
Iba descalzo ese niño,
nada en los pies para andar.

El Pepe, «el abrochao», lo llamaban,
miró la puerta de la alpargatería,
un billete de diez euros en la mano
y el problema de estar descalzo el niño,
se iba a solucionar.

Cí e usté un plazta,
déheme en pá.

Lo ha cogió con gana,
yo me quiero marchá,
con er bocata ya ez bastante,
no me vaya acicalá,
que la calle ez mi caza
y lo que algo vale,
ez pa robá.
Los blancos me inoran
y los míos me lo quitan to.
Ea pué, uzté con Dió
y yo con Alá.
Si te vizto, no me acuerdo,
cada uno por su lao.

Se fue el muchacho calle abajo,
y el Pepe, alelao.
Descalzo se fue el rizos,
el abrochao, alucinao.
De nada sirve ser bueno,
y el de Antequera, muy quemao.

La Malagueta vestida de luces,
el glamour no recala en los negros
que venden para comer,
son sus dientes perlas
que brillan frente al mar.
De allí vinieron ellos,
la vida, se tuvieron que jugar,
para vivir de miseria cargados,
sonámbulos de pena,
y soledad.

SEVILLA

Joaquín y Serafín

Utrera, tierra de insignes y monumentos,
La Campiña eterna, sustento de la ciudad,
bien de interés cultural, conjunto histórico-artístico,
bendecida por el Cristo de Santiago,
bajo el manto de la Madre eterna,
—¡Ay! Virgen de la Consolación,
que proteges a los toreros
que se rinden al toro bravo que tú crías.
—Calla Serafín,
escucha,
mira el cante de Curro,
lo oyes, a mí me gusta también el Rafael,
vaya dos voces rompías,
para poderlos escribir.
—Joaquín, que en Madrid no estarán ellos,
ni podré irme a la yeguada
a montar a mi Reluxo.
Yo me quiero quedar aquí,
en nuestra Utrera,
y respirar cada mañana el aire que nos inspira.
Ver el teatro Cervantes lleno,
los vítores de nuestra gente,
salir, tú y yo, a saludar al final con los aplausos.
Me han dicho que tenemos un museo
en el teatro municipal,
nuestras camas, hermano,
y la mesa camilla con la tinta y papel,
por si nos despertamos en la noche
que podamos escribir.

—Nuestra hermana, Serafín,
ha sido la María Luisa la que lo ha donado.
Qué rica es la zagala,
¿tú la viste escribiendo la carta?
A Guillermo Fernández-Shaw, decía,
sobre el homenaje a mis hermanos.
—Homenaje dices, Joaquín,
pero si hasta en El Retiro,
en Madrid, nos han puesto un monumento.
—A mí me emociona más el de Utrera, Serafín,
ahí, en todo el parque nos ve la gente al pasear,
solo estamos nosotros,
no hay más monumento que el nuestro,
y mira que hablan bien de los dos,
los hermanos Álvarez Quintero,
y calles nos han puesto,
y no paran de reír con las obras que escribimos,
qué gloria, hermano.
—Y que lo digas, ¡hermano!
—Qué jartá a reír.
—¿Sabes lo que podemos hacer?
Dormir,
dormir satisfechos,
nosotros somos andaluces del mundo,
y el mundo, rendido,
es andaluz a nuestros pies.

Antonio Machado

Adornan Sevilla rasgos de ilusión, aromas que colman
delicadas sensibilidades,
y un sol que acaricia agradables semblantes.
Cuna de insignes artistas, escritores, pintores, músicos
y bailaores,
y, sobre todo, poetas.
Entre ellos, un monumento, hombre que embelesa con
la pluma,
Antonio Machado Ruiz.
Nació en el siglo XIX,
para regalar al mundo los versos que nunca otro vate
hubo escrito,
y nadie podrá emular.
Al comienzo modernista,
sabio, erudito, comprometido, maduró en intimismo
para alcanzar,
con los años, romántico, existencia plena de
conocimiento.
Amó las raíces, que convirtieron en gloria la sencillez
popular.
Y en Colliure nos dejó, ochenta años hace ya,
huérfanos de los versos que amamos.
Homenaje al poeta que engrandece a su ciudad,
a toda España,
a la literatura universal.

Esperanza marinera

Gana la esencia el aroma de incienso,
la Esperanza marinera ha sonreído,
dice en un susurro que ha nacido una flor
en la vida, que perfuma
el camino de los días.
Esperanza trianera,
Virgen de rostro amoroso,
dale vuelo a la existencia
para poder ser cigüeña que anide,
eterna,
junto a ella.

Sabor andaluz

La huella de su pisada es fandango en la calle Betis,
las sillas, en la puerta de una casa baja,
invitan a soñar con castañuelas en las noches de estío
 de luna llena
y ropa vieja.
¡Qué talle tiene la Esmeralda, la hija de la Juana!
La melena negra de caracolas jugando con las
 golondrinas,
los ojos verdes encendiendo chispas de fuego.
¡Es guapa la gitana!
Más bonita que la Macarena henchida de flores,
y su voz, cante de sirenas llegadas del Guadalquivir
«pacer» de la fiesta una cometa vencida al viento del sur.
Tantas gracias tiene la moza
que los caballos enjaezados rinden las rodillas al suelo
al garbo que cimbrea su paso.
Un zagal se planta ante ella,
ropa campera y sombrero andaluz.
La mira y la remira,
pasea la mejor sonrisa para citarla a su lado.
Ella lo ve, finge no tener interés,
por el rabillo del ojo iluminado y brillante
lo cala de arriba abajo.
Le gusta a ella.
Le gusta a él.
El muchacho abre los brazos en cruz,
descubre la cabeza y muestra el pelo azabache,
repica el timbre de voz y le canta:

«Por mi Virgen trianera
yo bendigo la mañana en la que te he visto venir.
He sentío la bravura en lo más hondo de mí.
Soy torbellino que gira pa poderte alabar,
mirar tu figura y besarte.
Ser pa ti tu sombra
y que pises mi chaleco de alfombra
hasta que concedas el tesoro de ser mía,
porque ya te adoro, ole, ¡qué alegría!».

—Qué atrevido es usté, buen hombre.
Si no me conoce de ná.
Deje el paso libre, y no me quiera asustar.

—Asustar, dice, Corona de la Reina de los Cielos,
es usté más bella que la madrugá del Rocío,
más bonita que un clavel recién nacío.
Ay, que pierdo el sentío al volverla a mirar,
regáleme su brazo y un paseo a la catedral,
yo le juro, chiquilla, que no se arrepentirá.

—¡Un paseo dice usté! Y mi brazo acompañar…
O es cretino o es un loco,
yo soy mujer gitana muy difícil de alcanzar.
Si lo cuento a mi pare,
por esto lo va a matar.
Ea, pues, aparte su figura
pa que pueda yo pasar,
ya ruboriza mi mejilla
de no sabele contestar.

—Ángel caído del cielo de Sevilla,
alma mía que resuena en el pecho con el corazón desbocao.
Concédeme tu aliento que ya estoy enamorao.

—Cinco minutos te concedo, que el puente he de cruzar.
Si eres galán que convenza...
me lo pienso, por si con el tiempo...
¡Me pueda interesar!

Tras la reja están los besos

Una silueta desliza allá la sombra,
vital el corazón late vehemente,
mas con embozo se oculta quien burla la ronda,
suspiro fugaz, gemido ardiente.

Sola la novicia mora entre muros,
en ella la virtud persiste a cobijo,
desde chiquilla anhela triste
merecer la gloria, y de Dios el abrazo.

Sevilla es de la historia escenario
y del convento fluyen plenos amores,
llega el vil don Juan de veneno corsario
y ella, desnuda, fértil jardín sin flores.

Tras la reja elegida ya están los besos,
él es ave que con ilusión enamora,
la pasión los hará posesos
cuando Cupido se incline a dictar la hora.

Él escala presto los muros,
la noche cómplice es su fiel escudera,
siempre valiente alcanza gran altura
con la seductora voz de enredadera.

Alcanza por fin don Juan feliz destino,
la lividez alcanza el rostro de doña Inés,
el galán muestra así su influjo
envuelto en una capa de pasión que arrulla.

Don Juan cae a los pies de la mujer por la que suspira,
el cazador es esta vez preso de la andanza,
la luz de la dulzura lo deslumbra
y vuela en él incierta la cordura.

Verde esperanza de varón pleno de amor,
cometa que surca las estrellas,
gallardía de súplica para estar a su lado
y cumplir, dulce condena, al yacer con ella.

ÍNDICE

Este libro se terminó de editar en Granada
en marzo de 2025 por

www.aversopoesia.com
hola@aversopoesia.com